给孩子的**历史启蒙书** 少儿彩绘版

中国历史故事

9 明

襁召伟 著

中华书局

图书在版编目（CIP）数据

中国历史故事. 明/禚召伟著. —北京：中华书局，2022.7
（中国历史故事）
ISBN 978-7-101-15622-5

Ⅰ.中… Ⅱ.禚… Ⅲ.中国历史-明代-儿童读物
Ⅳ.K209

中国版本图书馆 CIP 数据核字（2022）第 010731 号

书　　　名	中国历史故事(明)
著　　　者	禚召伟
绘　　　图	竞仁文化
丛 书 名	中国历史故事
责任编辑	杨旭峰
责任印制	管　斌
出版发行	中华书局
	（北京市丰台区太平桥西里 38 号　100073）
	http://www.zhbc.com.cn
	E-mail：zhbc@zhbc.com.cn
印　　　刷	大厂回族自治县彩虹印刷有限公司
版　　　次	2022 年 7 月第 1 版
	2022 年 7 月第 1 次印刷
规　　　格	开本/787×1092 毫米　1/16
	印张 5½　字数 84 千字
印　　　数	1-3000 册
国际书号	ISBN 978-7-101-15622-5
定　　　价	25.00 元

精彩的历史，好看的故事

——致读者

几乎每个中国人都知道，中华文明有"上下五千年"之久，现代考古学研究则告诉我们，在五千年之前，中华大地上的聚落和城邑已星罗棋布，不同的群体聚居在各地，共同向文明迈进，最终汇聚成统一而包容的中华文明。今天，我们能从文字记载中考察到的中国历史，最远也可以上溯到那个文明交汇的部落时代——记录在神话与传说中。从远古的三皇五帝，到辛亥革命推翻帝制，几千年来，一代代史家用文字郑重地书写着我们民族的历史，从未间断，这在世界上是独一无二的。

前人为我们留下了数不清的历史文献，这些皇皇史册连缀起一条中国古代历史的长河，映照出了河水中的朵朵浪花——一个个跌宕起伏的故事、一群群生动鲜活的人物……

历史不是尘封的记忆，而是曾经活生生的现实，阅读历史也就是从另一个角度观照现实。人们常说"以史为镜"，读历史，可以让我们从前人的成功与失败中获取经验，总结教训，跳出自身阅历的局限，增长为人处世的智慧。而读中国历史，更能让我们了解中国传统文化，提高文史修养和综合素质，尤其有益于语文学习。

这套《中国历史故事》取材于"二十四史"、《清史稿》、《资治通鉴》等中国古代最重要、最有价值和成就最高的史籍，故事个个有出处。与满篇"之乎者也"的文言文原著不同，它用通俗活泼的语言讲故事，在故事里介绍历史上的重要人物和事件，并配有彩色卡通插图，读起来妙趣横生，一点也不枯燥。

故事后面的"知识卡片"可以让小读者了解每个时代的科技、文学等独特成就，有的篇章还总结了与故事相关的名言名句和源于故事的成语典故，希望小读者可以了解更丰富的传统文化，积累语言素材。部分故事的最后还设置了"你怎么看"环节，鼓励大家读完故事后积极思考，勇敢表达自己的看法，从小培养独立思考的习惯，促进辩证思维和创造思维的发展。

让小读者领略中华民族悠久而动人的历史，了解我们的祖先曾经走过的路，并能从中有所收获，是我们策划这套书的初衷。一代代中国人，正是阅读着这些精彩篇章长大的，而中国文化也正是在历史的阅读中传承与绵延。期待小读者能喜欢上我们这套彩绘版的《中国历史故事》，并且收获多多。

中华书局编辑部

目 录

朱元璋从和尚变领袖

咚咚咚……咚咚咚……

元朝末年,一个寒冷冬天的早晨,濠(háo)州一大户人家的门外传来了阵阵敲门声。

仆人很不情愿地打开门一看,外面站着个衣衫褴褛、冻得瑟瑟发抖的和尚,手里托着一个破旧的食钵。

"阿弥陀佛,施主,我是皇觉寺的一名僧人,化缘到此处,可否……"

话还没说完,只听到"咣"的一声,大门关上了,"什么和尚化缘,不就是一个穷叫花子吗? 要饭到别的地方去!"

门口的僧人呆呆地站着，眼泪忍不住流了下来。这个僧人名叫朱重八，他还有一个更响亮的名字——朱元璋——大明王朝的开国皇帝明太祖。

怎么就去当和尚了呢？

朱元璋出生在濠州钟离县一个贫苦的农民家里，父母给他起名"朱重八"。

重八小的时候，跟所有小朋友一样，有自己的梦想，希望能够成就一番大事业。可在他15岁那年，家乡发生了旱灾，家里辛辛苦苦种的庄稼都干死了，第二年又发生了严重的蝗灾和瘟疫。不到半个月，重八的父母和大哥就都病死了。埋葬了亲人，重八便离开家乡投奔到一个寺庙当了和尚。然而没过多久，当地也闹饥荒，寺里没了粮食，住持只好打发和尚们去云游化缘。就这样，年仅17岁的重八离开了寺院，带着一个托钵四处流浪。

三年的流浪生活，重八像叫花子一样受尽了别人的白眼，尝够了生活的苦难，但是他也了解了老百姓的生活疾苦，见识了不少世面。

和尚变领袖

20岁时，重八回到了家乡。这个时候，农民起义已经风起云涌，老百姓纷纷拿起锄头镰刀，反抗元朝的腐败统治。有一个叫郭子兴的起义军领袖，攻下了濠州，无处可去的重八就投奔了他。

郭子兴见到重八后，觉得这个小伙子虽然长得不怎么样，但是非常聪明，又有见识，就让他做自己的亲兵。在队伍里，重八不但精明能干，而且身先士卒，士兵们都愿意追随他。郭子兴也很赏识他，还把自己的干女儿嫁给了他，并且给重八起了一个新名字——朱元璋。

没过多久，郭子兴病死，朱元璋成了这支队伍的领袖。他虽然年轻，但是治军有方，一面对新加入的军队加紧训练；一面严明军纪，不许士兵随便扰民，老百姓都很拥护他。几个月的工夫，朱元璋的部下竟有了两万多人。

虚心吸纳建议

朱元璋自己没念多少书，但他深知要成大事，光靠武力强大还不行，还得有知识、有谋略。所以朱元璋喜欢接近文人，他让文人做自己的谋士，并虚心求教。

一次，他问文臣武将："怎么才能让天下太平呢？"

有个叫李善长的书生，不急不缓地说："您记得汉高祖的故事吗？汉高祖刘邦是沛县人，离您的家乡濠州不远。他也是平民出身，为人豁达大度，知人善任，治军严明，爱护百姓，只经过5年工夫，便平定了天下。如果您能像汉高祖那样，天下太平也就不远了！"

还有一次，朱元璋打仗路过徽州时，听说有一位叫朱升的高人，不愿意当官，隐居在这里，便去请教。朱升见他如此真诚，就提醒他要多储备粮食、修筑高高的城墙，但不要急于称王。为什么呢？因为一旦称王，就是公然举起了跟朝廷对抗的大旗，朝廷一定会把朱元璋列为头号目标，那样，日子就不好过喽。

朱元璋虚心接受了这些好的建议。精良的军队，勇猛的武将，有谋略的文臣，加上民心所向，朱元璋节节胜利，逐渐消灭了元军和其他起义军，占领了大半个中国。

（故事源自《明史》）

知识卡片

四大名著，有三部诞生于明朝

四大名著指的是中国古典长篇小说《西游记》《水浒传》《三国演义》和《红楼梦》。除《红楼梦》外，其他三部著作都诞生在明朝，可见，明朝小说的创作、发展非常繁荣。元末明初，施耐庵创作了反映农民起义的长篇小说《水浒传》，而他的学生罗贯中则在研究三国历史的基础上写出了《三国演义》。《西游记》是明朝后期吴承恩创作的一部浪漫主义长篇小说。三部著作都有着极高的思想价值和艺术成就，在中国文学史上具有重要地位。

你怎么看？

你觉得朱元璋从和尚变成为天子，凭借的是哪些品质？

鄱阳湖上大作战

朱元璋虽然占领了大半个中国，但还有一个比他更厉害的人——陈友谅。他也占领了很多地盘，而且还自立为王，国号叫"汉"。

强敌来了，想跑？没门！

虽然朱元璋的力量越来越强大，但陈友谅特别瞧不上他，心想：一个臭要饭的，也想跟我争天下，看我怎么教训你！1363年，陈友谅集结了一支强大的水军去攻打朱元璋。这支水军有多强大呢？据说战船有三层楼那么高，而且这些战船的外面还包了一层铁皮，刀砍不破，箭射不穿，就像一座水上城墙。

看着这来势汹汹的敌人，朱元璋赶紧召集手下的将士们商议对策。大家七嘴八舌，都觉得陈友谅太厉害了，"他的军队是我们的3倍，肯定打不过，还是逃吧"。

这时，人群中有一个声音传来："想逃跑的人，都应该拉出去斩了！"

大伙转身一看，原来是谋士刘伯温。他在队伍中颇有名气，经常能给朱元璋出好主意，大家都说他神机妙算。

朱元璋连忙问道："先生有什么好办法吗？"

刘伯温不慌不忙地说："陈友谅的军队

虽然强大，但是他这个人有个致命缺点——骄傲自大，只要我们冷静思考，做好充分准备，一定可以找准时机击败他们。"

朱元璋一听，信心倍增，他采纳了刘伯温的建议，带领军队跟陈友谅玩起了捉迷藏。陈友谅带着铁皮战舰，四处寻找朱元璋的主力部队，一直都没找到。

鄱阳湖上大对决

正当陈友谅因找不到朱元璋主力部队而气急败坏的时候，朱元璋带领20万大军突然出现在陈友谅军队的后面，封锁了陈友谅可以撤退的唯一渡口。陈友谅一看："好啊，终于找到你个朱重八了，有本事，咱们摆开阵势打一仗，一决高下！"

就这样，朱元璋和陈友谅在鄱阳湖排兵布阵，展开了大决战。

跟陈友谅的大战船相比，朱元璋的战船实在是拿不出手，不过船小好掉头，朱元璋的水军更加机动灵活。双方各有优势，谁也打不过谁。这个时候，陈友谅开始动歪脑筋了。他就琢磨：我的船这么厉害，还消灭不了朱重八吗？肯定是船的速度不统一，配合不好，我用铁链子把船拴在一起，不就行了嘛！

这边朱元璋和自己的部下也在犯愁，突然听说陈友谅把自己的战船用铁链拴起来了，不由得哈哈大笑，时机终于来了。看来陈友谅是没有听说过火烧赤壁的故事啊，火攻必能取胜。

巧借风势，消灭陈友谅

于是，朱元璋马上派人准备了几条装满火药的小船，每条船上再放几个穿着盔甲的稻草人，看上去就跟战船一模一样。一天夜里，刮起了东北风，朱元璋赶紧派出一支敢死队驾着这几艘船，向陈友谅的船队冲过去。

自信的陈友谅一看，这不是过来送死吗？刚要命令部下准备战斗，就发现这几艘快速靠近自己军队的小船燃起了熊熊大火，借助风势，一下子就把自己的战船点着了。因为陈友谅的战船是一艘接着一艘绑在一起的，所以不一会儿，所有的战船就都陷入了火海，江面上一片火红。朱元璋趁机发动进攻，陈友谅的水军纷纷跳水逃命。

收拾起残兵败将，陈友谅气急败坏地跟大家说："兄弟们，我们还没输！最后一搏的时候到了！我听说朱元璋坐的船是白色的，擒贼先擒王，咱们集中最后的兵力，去攻击那艘白船，一定要干掉朱元璋！"

等陈友谅带着人杀回去才发现，所有的战船都是白色的，根本分不清哪艘是朱元璋的船。陈友谅一看傻了眼，只好带领剩下的军队匆忙逃走。可是湖口已被封

锁，一阵乱箭，一代枭雄陈友谅的生命就在鄱阳湖结束了。

经过这次大决战，朱元璋击败了势力强大的陈友谅。后来，朱元璋又陆续消灭、降伏了其他对手，平定了整个江南地区。1368年，40岁的朱元璋在应天府称帝，国号大明，年号洪武。后来，他又把应天府改为南京。

（故事源自《明史》）

你怎么看？

陈友谅拥有强大的水军，却在鄱阳湖大战中败给了朱元璋，你觉得问题出在了哪里？

可怕的神秘组织——锦衣卫

　　明太祖朱元璋靠着一大帮能征善战的好兄弟打下了江山。可是跟大多数开国君主一样，他对自己身边的重臣疑神疑鬼的，特别怕他们夺了自己的皇位。于是，朱元璋成立了一个神秘组织——锦衣卫，专门用来监视大臣、官员的活动。锦衣卫的人个个高大威猛，身上穿着华丽的飞鱼服，腰间配着锋利的绣春刀，武艺高强，神出鬼没。官员和老百姓听到他们的名字，吓得晚上都睡不着觉。大家为什么这么害怕锦衣卫呢？

胡惟庸造反遭杀害

　　朱元璋当上皇帝后，依照前朝制度，设立了丞相，帮助自己处理政务。当时的丞相名叫胡惟庸，是跟着朱元璋打天下的元老，非常有才干，朱元璋很信任他。

　　不过，当了几年丞相，胡惟庸就仗着自己权力大，开始独断专行了，有些国家大事不报告皇帝，便拿主意了。朝廷各部的奏章，他都要提前看一遍，凡是对自己不利的，就扣下不上报。他还拉拢了一大帮亲信，排挤其他大臣。朱元璋知道后，十分愤怒。

　　这个时候，有官员偷偷告诉皇帝："胡惟庸要造反！"朱元璋一听："这还了得？"马上命锦衣卫去打探消息。丞相造反的

密报一传来，朱元璋就以谋反的罪名把胡惟庸给杀了。借着这个机会，朱元璋还把胡惟庸的家人、朋友、同党等全都抓了起来，杀的杀，流放的流放，最后株连了好几万人。

并且，他还向天下宣布：从秦朝开始，丞相就是君主的祸患，从今以后，我们明朝不许再设丞相。六部官员，有什么事直接跟皇帝报告，所有事情都由皇帝一个人说了算。

开国功臣死于锦衣卫之手

蓝玉是明朝的开国名将，他战功赫赫，有胆有识，不过，后来日渐骄横，经常横行霸道。朱元璋封他做官，他不但不领情，还嫌官太小，跟手下人抱怨说："凭我的功劳，难道还不配拥有个更高级别的官衔吗？"还有一回，蓝玉指着皇帝的车马，跟身边的人说："他已经开始怀疑我了。"结果话一说出口，就被一个锦衣卫听到了。他悄悄告诉皇帝，说蓝玉想要谋反，就连造反的时间、地点、同谋都说得有鼻子有眼。

朱元璋大怒，命令锦衣卫抓了蓝玉，判他死罪。

王弼（bì）也是一位开国功臣，他知道蓝玉一死，很快也就轮到自己了，就跟同僚商量："皇上如今岁数大了，又这么喜欢杀人，我们这辈人还剩几个呢？应该想想办法找出路喽。"结果，这句话也传到了锦衣卫的耳朵里，最后他也被皇帝赐死了。

就这样，很多开国功臣都在锦衣卫的各种监视下，得罪了皇帝，被杀害了。

真正的人间地狱——诏狱

锦衣卫有自己的监狱，被称为诏狱，这是名副其实的人间地狱。诏狱里面满满当当全是各种酷刑的刑具，夹棍、拦马棍、钉指等等，即便是达官贵人，只要不招供，都能把你折磨得死去活来。

其中有一项刑罚叫廷杖，专门在朝堂上打那些不听话的大臣。锦衣卫对于"廷杖"的执行还特别有讲究。对一般的犯人，行刑官只说一句"打着问"，锦衣卫下手就不会太重；当犯人不配合时，就说"好生打着问"，那犯人就剩半条命了；如果是惹怒了皇帝或行刑官，那就"好生着实打着问"，那犯人就必死无疑了。

锦衣卫不但打听大臣的消息，还按照皇帝的意思私下打探军情民意，谁敢说一句对皇帝不满的话，极有可能被抓去受刑。那简直是九死一生，最轻也要落个残疾的下场。所以大家都特别害怕锦衣卫。

在明朝200多年的历史上，锦衣卫作为皇帝专制统治的重要工具，一直都扮演着重要的角色。

（故事源自《明史》《明太祖实录》）

叔叔朱棣装疯抢了侄子的皇位

朱元璋当上皇帝后，立了自己能干的大儿子朱标为太子。其他24个儿子都封了王，驻守在全国各地。这样一来，老朱家的江山就高枕无忧啦。

但人算不如天算，朱标还没等到继承皇位就生病去世了。朱元璋又立了朱标的儿子，也就是小孙子朱允炆（wén）为皇太孙，作为自己的接班人。这下子，可惹恼了朱元璋的那些儿子们，他们只是地方的藩王，个个不服气："我们跟着父皇出生入死打天下，凭什么轮到一个小孩当皇帝？"于是，这些藩王纷纷动起造反的念头来。

侄子登上了皇位，叔叔们要遭殃了

1398年，朱元璋病逝，朱允炆即位。第二年，朱允炆改年号为建文，这就是建文帝。建文帝虽然年轻，但也知道要想稳固自己的皇位，就得夺取藩王们的兵权。

于是，建文帝找各种各样的借口，把周王、代王、岷王、齐王等几位叔叔都废除掉，并命人监视燕王朱棣（dì）的行踪。因为燕王是最厉害的一位叔叔。

一天，驻守北平（今北京）监视朱棣的官员突然上报："燕王发疯了！他大热天穿着破棉袄在街上狂奔，在酒馆抢别人的酒喝，到饭店抢别人的包子吃，还一连吃了十几个！"

建文帝知道后，跟大臣们说："叔叔都被逼得精神失常了，放过他吧。"

身边的大臣赶紧劝道："皇上，不要被燕王骗了。他早年跟着太祖皇帝南征北战，阴谋诡计学了一大堆，可不是省油的灯，一定要除掉他！"

装疯的叔叔一举打败老将

等建文帝派人去抓朱棣的时候，他三下五除二就干掉了朝廷的精兵强将，带着自己的部下起兵了。为了替自己辩解，朱棣发布了一则公告："我父皇当年说过，朝廷里出了坏人，地方藩王就要讨伐，帮助皇帝保卫国家的安全，这叫'靖难'，也就是平定叛乱，光明正大！"

建文帝当然不信这一套，马上命令招集精锐部队出兵镇压。跟朝廷的军队相比，朱棣的部下人数较少。不过，由于作战经验丰富，再加上朱棣的领导能力强，燕军一点儿也不害怕朝廷的军队。

而建文帝这边，先是找了个年近古稀的老将耿炳文出马，可建文帝有言在先：不能背上杀害亲叔叔的罪名。到了前线，耿炳文犹豫不定，不知道该如何打仗，结果在纠结中被朱棣的部队打了个落花流水。

大反转！侄子被叔叔逼得自焚了

首战失利，建文帝又派李景隆出兵，因为他爹是开国功臣。不过，李景隆就是一个纨绔子弟，什么兵法也不懂，牛皮倒是吹得震天响。

朱棣听说李景隆要来，跟左右的人哈哈大笑，说："这小子，是我看着长大的，他哪是带兵打仗的料！看我怎么收拾他。"

李景隆带着大军包围了北平城后，发现北平也没多少防守，于是便下令攻城！几十万人马从北平四周的九个城门一起发动攻击。

北平城中负责防守的是朱棣的大儿子朱高炽（chì），他带着一万士兵死死地顶住了50万大军的进攻，李景隆打了好几天都没能打下来。这个时候，天气越来越冷，朱高炽就想了一个办法，他命令士兵往城墙上泼水，水遇寒结冰后，城墙就变得又湿又滑。李景隆的士兵始终爬不上城墙，攻城以失败告终。

这个时候，朱棣在救兵的支援下，对李景隆展开了内外夹攻。李景隆抵挡不住，连吃败仗，只好逃了。

双方打了近3年，最后，朱棣带领大军一鼓作气，直奔南京。进城那天，皇宫里浓烟滚滚，燃起了熊熊大火。有人告诉朱棣，建文帝知道自己到头了，一把火点燃皇宫，把自己也烧死了。

历时4年的"靖难之役"，以燕王朱棣的胜利宣告结束。1402年，朱棣登上了皇位，第二年改年号为永乐，改称北平为北京，历史上称他为明成祖。

（故事源自《明史》）

知识卡片

写好八股文，科举才能胜

从隋朝开始，科举就是朝廷选拔官吏的一种考核方法。到了明朝，考核更加严格。朱元璋规定，科举考试只许在"四书五经"范围内命题，别的书目一概不考。后来，甚至规定每篇文章必须由八个部分组成，就连什么部分该写什么内容、如何起承转折都得按规矩来，这就是"八股文"。

明朝的正式科举考试分三级进行：三年一次的省级考试叫乡试，被录取的人称为举人；举人第二年到京城参加会试，通过后称为贡士；贡士再参加皇帝主持的殿试，考中的人就是进士。进士的前三名分别称为状元、榜眼和探花。

名言名句　异日安国家必燕王也。（〔明〕朱元璋）

郑和下西洋的真实目的

据说，朱棣当上大明皇帝后，一直放心不下一件事：建文帝真的死于皇宫的那场大火吗？可大火已将遗体烧得面目全非，根本无法确认死的人里面有没有建文帝。有人说他逃走了，那他会不会偷偷跑到国外去了？朱棣便想派船去海外寻找建文帝的下落，顺便与各国通商贸易，可谓一举两得。可是，该派谁去呢？朱棣想到了一个人，那就是郑和。

郑和，本来姓马，小名叫三保。明太祖朱元璋派兵出征云南时，12岁的马三保被俘，后来成了燕王朱棣的小太监。他随朱棣出生入死，深得朱棣的信任，因此朱棣为他另外赐了个姓名——郑和。

浩浩荡荡出发去各国

1405年，明成祖派郑和带着一支船队出使西洋。郑和的船队里，除了驾船的水手和护卫外，还有工匠、翻译、医生等等。他们乘坐几十米高的大船，拉着大批的瓷器、茶叶、丝绸等珍贵物品，从苏州刘家港出发，离开祖国大陆，向着遥远的国度开去。

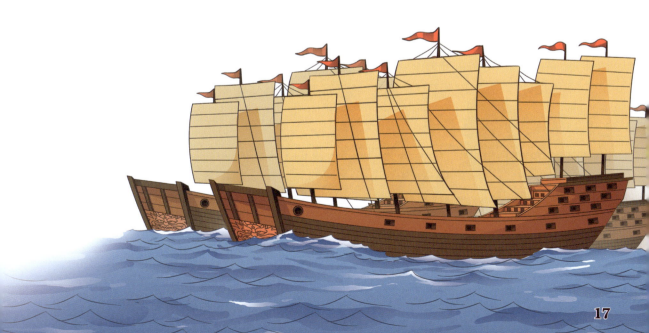

郑和的这次出使，花了3年多时间，他们先到了占城（今越南），然后到了爪哇、旧港（今印度尼西亚苏门答腊东南），又穿过马六甲海峡到达了锡兰及印度洋西海岸。每到一个国家，郑和便把皇帝的国书递交给当地的首领或者国王，并送给他们大量珍贵礼物，表达友好交往的诚意。西洋各国的国王收到明朝的礼物和国书，非常感动；在郑和回国的时候，也都派了使者，带着自己国家的奇珍异宝一起去中国访问。试想：谁不愿意跟这个强大而友善的国家交朋友呢？

路遇海盗不必慌，我们是大明军队！

出使的路上并不是一帆风顺，也会遇到很多麻烦事。

当船队路过旧港时，险些遭到当地海盗陈祖义的偷袭。陈祖义纠集了一群不要命的海盗，堵在南海商船必经的航道上，专门抢劫过往客商的财物。听到郑和船队带着大批宝物经过的消息后，他就动了大抢一番的念头。他表面上给郑和送了一封信，说自己愿意向大明朝廷投降，背地里却偷偷埋伏人手，准备袭击船队。

可惜，陈祖义的阴谋被一个好心的当地人知道了，他赶紧到船上向郑和禀告。郑和心想：你一个小海盗，还想偷袭我泱泱大国的船队？真是不自量力，得给你一点颜色瞧瞧！于是，他命令大伙儿把船散开，船上的士兵准备好刀枪和火药，严阵以待。

夜深人静的时候，陈祖义带领一大群海盗，驾着小船开进了港口。结果，还没见着金银财宝，就被明军给包围了。一队一队的士兵手持火把，大声喊道："抓海盗啦，一个都别想跑！"明军一拥而上，陈祖义想逃也逃不了，只好乖乖地当了俘虏。

郑和把陈祖义五花大绑捆起来，押回了京城，把他献给了明成祖朱棣。

寻人目标没达成，但有了更多收获

虽然没有找到建文帝，但这次出使海外，既提高了国家的威望，又促进了跟西洋各国的贸易往来。后来，明成祖一次又一次地派郑和带领船队下西洋，给明朝带来了繁荣的海外贸易。

从1405年到1433年的将近30年里，郑和七次出使西洋，前前后后一共到过印度洋沿岸30多个国家，最远到达非洲东海岸和红海沿岸。

郑和及他的船队向所经过的各国传达了来自中国的善意，直到现在，还有很多国家保存着郑和下西洋的遗迹，传颂着三宝太监下西洋的故事。

（故事源自《明史》）

知识卡片

皇帝命人编的"百科全书"——《永乐大典》

永乐年间，明成祖朱棣命解缙、姚广孝等主持编一部包罗各类知识的典籍，第二年编好后，明成祖却不满意，又命令他们重新编。这回他们广泛参考各种资料，编出来的书终于得到了朱棣的赞许，还被赐名为《永乐大典》。全书2万多卷，涉及经史子集、天文地理、戏剧、工艺、农艺等各方面的文献，可以说是百科全书式的文献集。

你怎么看？

你认为郑和下西洋的真实目的是什么？

终于过上了太平生活——仁宣盛世

朱棣在当燕王的时候就住在北京，当了皇帝后，他便大规模营建北京城，筹划迁都的事情。1421年，明朝正式迁都北京。可惜，没过几年，朱棣就在北征途中病死了。紧接着，太子朱高炽即位，他就是明仁宗。

短暂执政，造福百姓

朱高炽跟能征善战的老爹朱棣不一样，他从小身体就不好，长得很胖，也不爱运动，走路都需要别人扶着。但是朱高炽特别爱读书，善良又稳重。

明太祖朱元璋在位的时候，有一年冬天他派自己的几个孙子去军营里视察。没多久，其他人就完成任务回来了，只有朱高炽很晚才回来。朱元璋以为他偷懒，就很不高兴地责问他到底干什么去了，没想到朱高炽说："我去的时候，士兵们正在吃早饭呢。天这么冷，我等他们吃完了再视察的，就回来晚了。"

朱元璋打了一辈子仗，数次出生入死，对士兵们的感情是很深厚的。听到这句话后，他马上便心软了："这么懂得体贴下属，真是个好孩子！"

朱高炽当了皇帝后，处处以仁君的标准来要求自己。他先是赦免了一大批被无辜关押的旧臣子，平反了很多冤案，废除了酷刑，又颁布了好几道诏令。接着，他叫停了郑和下西洋这样耗资巨大的事情，也不再允许皇家买各种金银珠宝，减少开支，恢复民生。此外，他还积极选用贤能清廉的好官员，减免老百姓的赋税，老百姓都夸他是个好皇帝。

可惜，朱高炽只当了不到一年皇帝，就生病去世了。他的儿子朱瞻基继承了皇位，就是明宣宗。

继续勤政爱民

朱瞻基即位后，把父亲那些体贴老百姓的办法都继承了下来。他鼓励老百姓发展生产，改善人民的生活。

有一次，在外出的路上，明宣宗远远看到几个农民正在耕田，就亲自下车去

询问老百姓日子过得怎么样。他还接过农民手中的犁推了几下，没一会儿就累得满头大汗。朱瞻基感慨地对随从的大臣说："我才推了几下犁，就觉得很累。百姓们一年四季不停地劳作，那得多辛苦啊，我们一定要爱惜民力！"

除了爱惜百姓，作为皇帝，还得勤于政务。但是皇帝一个人再勤快，也顾不上全国所有的事情。明太祖朱元璋为了能够独揽大权，废掉了宰相制度。到明成祖朱棣时，朝廷事务繁多，工作量太大，皇帝实在是扛不住了，就在皇宫里设立了内阁，帮着皇帝处理公事。

朱瞻基登基后，对内阁进行了完善，正式确立了票拟制度，各个部门和地方的奏章呈上来后，内阁的几位大臣先商量商量，提出解决意见，将批阅建议写在纸上，贴在奏章上，再呈给皇帝。这样皇帝处理起政务来就方便多了。

与越南建立和平关系

明成祖朱棣在位时，曾派兵攻占了中国南边的交趾，也就是今天的越南。但是交趾人不服气，常常叛变，战事不断。朱瞻基即位后，交趾的首领派人到朝廷请求册封。明宣宗觉得打来打去不是办法，就准备答应他们的请求。结果好几个大臣不同意，上书说："如果答应了他们的请求，那不是示弱吗？我们大明的脸面往哪搁？一定要继续派兵攻打！"

面对大臣的反对，朱瞻基也有点拿不定主意。这时，他只好宣召内阁中贤明能干的杨士奇、杨荣两位心腹大臣来商议对策。杨士奇是当时的内阁首辅，相当于皇帝的大秘书。俩人劝皇帝："陛下体恤老百姓的辛苦，这是一件大好事。汉朝也曾主动放弃珠崖郡，史书上都以此为美谈，求和并非示弱。"听了大臣的建议，明宣宗便派使者出使交趾，与交趾建立了和平的关系，朝廷每年还省出了上亿两白银的军费。

明宣宗勤政爱民、任用贤臣的事情举不胜举，不幸的是，这位好皇帝仅仅在位10年就病死了。

明仁宗和明宣宗父子的开明统治，使得明朝吏治清明，老百姓生活安定，后世称这段时间为"仁宣盛世"。

（故事源自《明史》）

明长城

明长城是明朝在北方山区修筑的军事防御工程，当时称边墙，从西到东包括偏关、雁门关、平型关、居庸关、山海关等，是明朝对付蒙古等游牧民族入侵的防线。

名言名句　笃志在仁义，兼亦贵稼穑。（〔明〕朱瞻基）

土木堡惨败

1435年,明宣宗去世,他9岁的儿子朱祁(qí)镇继位,就是明英宗。明英宗刚当皇帝时,因为年纪太小,还不能独自处理国家大事,所以由他的祖母张太后和几位贤明的大臣辅佐执政。

太监王振当了官,个个都得巴结他

后来,几位大臣病的病、死的死,张太后也去世了。明英宗一看,身边最靠得住的人就剩王振了。王振是明英宗当太子时的太监,他整天陪小太子玩耍,两人形影不离。这时候,明英宗就让他当了司礼监的头儿。

司礼监是处理朝政事务最重要的机构,专门替皇帝管理奏章。官员的建议要通过司礼监上呈给皇帝,皇帝的批示也由司礼监传给臣子们。有时候,明英宗犯懒,会把奏章交给司礼监来批阅。这下子,王振的权力就更大了,朝廷的大臣见了他,跟老鼠见了猫一样。谁对他阿谀奉承,就能升官发财;谁敢跟他对着干,就会遭到处罚,官员们纷纷巴结他。

王振的胆子越来越大,国家大事能糊弄就糊弄,天天想着怎么挣钱,朝廷里一片乌烟瘴气。

王振走私赚了钱，朝廷却要遭殃了

这个时候，蒙古部落里的瓦剌（là）部族出现了一个厉害的可汗，名叫也先。他通过武力不断扩张自己的势力和地盘，成了蒙古部落里最厉害的部族。

王振听说瓦剌部族在打仗，就动起了歪脑筋，让手下人造了大量的箭支，偷偷运到瓦剌，瓦剌则给他一些好马，他就拿到市场上高价售卖。一来二去，混熟了以后，王振便在朝廷里帮着瓦剌说话，朝廷逐渐放松了对蒙古部落的戒备。

每年，瓦剌都会派使者携带马匹、毛皮等货物来朝贡。明英宗也很大方，会相应地多给一些回赐。可瓦剌送来的都是一些动物皮毛、山珍野味等，不太值钱，但拿回去的都是茶叶、丝绸和铁器等值钱的东西。这买卖稳赚不赔啊！贪心的瓦剌盯上了明朝的好东西，常常派人来朝贡。

有一年，瓦剌居然派了一支多达2500人的使团来大

明朝。朝廷一看，这哪是来朝贡，简直就是要把大明的国库搬到草原上去啊。明英宗气得削减了给瓦剌的赏赐。瓦剌的使团没拿到好处，回去添油加醋地把这件事汇报给了也先。

也先一听："好啊，你不给，我就来抢！"他马上集合部队，亲自带军，攻打明朝的边境城市。

王振作战瞎指挥，明军损失惨重

听到边境告急的消息，朝廷赶紧开会，讨论对策。明英宗先问王振："这可该怎么办？"

王振拍着胸脯说："当年成祖皇帝五次御驾亲征蒙古，都获得了胜利，相信只要皇帝您出马，蒙古人绝对被吓趴！"

明英宗一听，可高兴了："长这么大，我还没出过远门呢。打仗既威风又好玩！"于是，他马上命人整合队伍。

大臣们一听着急了，打仗要是这么简单，成祖皇帝也用不着北征五次了。他们心里把王振骂了一千遍，赶紧劝说皇帝三思而后行。可皇帝正在兴头上，一句话也听不进去，毫不犹豫就出发了。

行军途中，连日大雨，明军走得又匆忙，粮食不足，前线的士兵打了好几场败仗。明英宗慌了，王振也怕了。两人一合计，赶紧撤吧！

走着走着，王振又有了歪心思，他的老家蔚州就在不远处，如果能让皇帝到他家转悠一圈，那得有多少人羡慕啊！于是，他就劝说皇帝改变了行军方向，还顺便带上了王振老家的一千多车金银财宝。

这么一折腾，时间就耽误了。瓦剌的骑兵从后面追了上来。又是一场恶战，明军损失惨重。明英宗和王振被困在一个叫土木堡的小地方，大臣邝埜（kuàngyě）建议让英宗先撤回居庸关，留下精兵在后面守卫，但王振不同意。

结果第二天，天刚刚亮，明军就傻眼了，漫山遍野的瓦剌军已经包围了土木堡。这里地势高，没有水，没有粮食，队伍唯一的希望就是突围出去。

　　眼看着瓦剌军的骑兵挥着大刀从四面冲来，邝埜带着士兵火速突围，然而终究抵不过敌人的猛杀猛砍。士兵们四处逃窜，混乱中，谁也顾不上皇帝。明英宗又不会打仗，只好坐在地上，静静地等死。很快，他就被一名瓦剌士兵俘虏了。

　　皇帝当了俘虏，王振也在四处逃命。有位明朝大将军在乱军中找到王振，痛骂道："我替天下人杀了你这个奸贼！"一锤子就把王振给打死了。

　　明军损失惨重，50万大军死亡过半，这场战争在历史上被称为"土木堡之变"。

　　（故事源自《明史》《明英宗实录》）

知识卡片

"三言二拍"指的是什么？

　　"三言二拍"是明代五本传奇短篇小说集的合称，包括冯梦龙创作的《喻世明言》《警世通言》《醒世恒言》和凌濛初创作的《初刻拍案惊奇》《二刻拍案惊奇》。"三言二拍"以一回一个世俗小故事的形式成就了中国古典短篇白话小说的巅峰。这些作品题材广泛，从各个角度，不同程度地反映了当时市民阶层的生活面貌和思想感情。

你怎么看？

　为什么王振要让皇帝亲自去打仗？

于谦守卫北京城

土木堡之变后，皇帝被抓的消息很快就传到了京城，整个皇宫乱成了一团粥。朝中没了管事儿的人，皇太后只好暂时让英宗的兄弟郕（chéng）王朱祁钰（yù）代替皇帝处理政务。朱祁钰召集大臣商量对策，大臣们也急得不知所措，有人主张留在北京，但是万一打不过瓦剌，有可能面临亡国的危险；也有大臣建议放弃北京，逃回南京旧都。

立新帝，守北京

谁知南逃的建议刚传出，就有人义愤填膺地大声说："京城是国家的根本，如果现在迁都，不但不能挽回失败，还助长了瓦剌的嚣张气焰。难道大家忘了宋朝南迁的结局是什么了吗？"

说这话的人，名叫于谦。他接着提出建议：应该迅速下令抄没王振的家产，将他的死党都逮捕。这样，清廉的大臣就可以各归其位，一起对抗瓦剌的进攻。于谦还跟皇太后商量，为了防止瓦剌的要挟，不如干脆宣布让朱祁钰当皇帝。

大臣们也都纷纷附和。1449年，朱祁钰被拥立为皇帝，这就是明代宗。朱祁钰继位后，立马提拔于谦为兵部尚书，让他掌管军队大权，调兵遣将，同瓦剌抵抗到底。

于谦仔细分析当前情况，要守住北京城，除了带兵防守，还得调集足够的精兵良将才行。于是他向各地发出命令："各军接到命令后，迅速赶往京城，如有违抗，军法处置！"

也先被打跑

过了几天，瓦剌骑兵果然带着被俘虏的明英宗杀过来了。他们对着北京的守城将士大喊："你们的皇帝回来了，还不赶紧开门出来迎驾？"

喊了半天，也没人搭理。后来，一个小兵回应了一声："别喊啦，我们早就换皇帝了。你们押着的，是我们的太上皇。"

也先一听气炸了，手里的皇帝变成了无用的棋子。软的不行，就来硬的，他命令大军："准备攻城！"

哪想得到，于谦早就排兵布阵等着也先了。他早已让全部精兵在城门外扎营；还下令关闭城门，鼓励守城士兵团结起来决一死战。于谦自己也披上盔甲，

在北边最危险的德胜门，迎战也先的主力军。

面对敌人的进攻，于谦高声喊道："将士们！国难当头，体现忠义的时候到了，一定要奋勇杀敌，保卫我们的都城！"士兵们群情激昂，一鼓作气，将瓦剌的部队打得支离破碎，四散奔逃。

也先见出师不利，就想了一个坏主意，他派人通知于谦："你们的皇帝在我这里，我们聊一聊吧。"于谦猜透了也先的心思："不就是想拖延时间，等援兵吗？想把我们困死在北京城，门也没有。"他毅然拒绝了也先的谈和。

拖延战术失败，也先只好继续攻城。他派自己的弟弟率领一万精兵，大举进攻德胜门。没想到，德胜门外等着他们的，是事先埋伏好的神机营。神机营里都是先进武器，比如火铳、火炮。等瓦剌的军队进入埋伏圈，明军便万枪齐鸣，万炮齐发。习惯了使用大刀和弓箭的瓦剌人，哪见过这场景啊，死的死，逃的逃。

也先一看，损失了这么多兵马，连自己的弟弟也被乱枪打死了，既伤心又气恼。这时，又得知各个地方派来保卫北京的20多万军队要到了，他赶紧带队撤回了草原。

接回太上皇

京城的官员、百姓们欢呼雀跃，北京保住了！于谦成了大英雄，明代宗也长舒了一口气。此后，于谦加紧派兵防守各个地方，又操练军队，不给瓦剌任何可乘之机。

也先见明朝防守严密，慢慢放弃了攻打明朝的想法。但日子长了，草原上吃的用的都紧缺了，怎么才能跟朝廷再要一些赏赐呢？思来想去，只能把明英宗送回去了。

收到瓦剌的信，明代宗有点犯难，他虽然是顶替自己的哥哥当了皇帝，但这一年多，天天听着别人喊"万岁"，实在是太过瘾了。要是哥哥回来了，该怎么办呢？

于谦看出了明代宗的心思，就劝他："天命已定，皇帝宝座不会再变了。您又怎么忍心让亲哥哥流落在外呢？还是赶紧把他接回来吧。"

虽然把亲哥哥接了回来，但明代宗生怕皇位被夺。于是，就把这位"太上皇"安排到了皇城的南宫去住。住在那里的明英宗几乎与外界隔绝，就跟坐牢一样。可这个时候他才23岁啊，他能甘心被关一辈子吗？

（故事源自《明史》）

吴中四才子

在明朝中期的江苏苏州，有四个非常有名的才子，人称"吴中四才子"。他们才华横溢、洒脱自在，在书法、绘画、诗歌等创作上都颇有风格。这四个人分别是唐寅（唐伯虎）、祝允明、文徵明和徐祯卿。唐寅的山水画最出名，祝允明的狂草写得极好，徐祯卿的诗作格调特别高雅，文徵明则诗、书、画无一不精。"吴中四才子"借助诗书画张扬个性，表达情感。

明英宗夺回皇位

　　土木堡之变后，随着北京保卫战的胜利，大明王朝总算是保住了自己的江山，老百姓又过上了安定的日子。

　　但是有一个人很不开心，那就是从草原上接回来的"太上皇"朱祁镇。

落魄的太上皇没人理，儿子也被"撤了职"

　　在土木堡之变中，明英宗朱祁镇亲眼看着几十万大军被瓦剌铁骑杀得尸横遍野，自己还当了俘虏。好不容易回到京城，可迎接他的，却是不见天日的软禁生活。

　　往日对他百依百顺的弟弟朱祁钰，如今已经成了至高无上的大明皇帝。弟弟还派锦衣卫日夜看守着自己，没有皇帝的允许谁也不准去看望。

即便这样，明代宗朱祁钰也不放心，他下令将南宫的大门锁上，只留了一个小洞口用来送饭，对外宣称太上皇需要静养。

皇帝这样对待太上皇，太监、宫女们就更不把朱祁镇放在眼里了。有时候，连吃的穿的都供应不上，朱祁镇的老婆只好像普通妇女一样，做起了针线活。真是"落魄的凤凰不如鸡"啊。

明代宗当上皇帝后，不仅关押了亲哥哥，还把原来的太子也废掉了，重新立自己的儿子为太子。但是，人算不如天算，这个没福气的儿子只当了一年太子就生病去世了。明代宗就这么一个儿子，这下该怎么办呢？有大臣建议，不如让原来的太子复位。明代宗一想：那可不行，我哥哥还在南宫关着，他儿子一定恨透我了，要是以后当了皇帝，我还有好果子吃吗？

就这样拖了好几年后，明代宗生了重病，卧床不起，眼看着日子不多了。

惊不惊喜？太上皇又坐上了龙椅

皇帝身边有个叫曹吉祥的太监见皇帝快不行了，就跟朝廷里的几个官员石亨、徐有贞偷偷商量："听说这几天大臣们正在请求把废太子重新立起来。依我看，不如直接拥护太上皇复位。"

石亨是个武将，一听就来劲了："对！如果这件事情能办成，我们几个就是大功臣了！"

徐有贞鬼点子多，他说："我们赶紧把这件事情告诉太上皇，只要太上皇同意，我们就干！"

曹吉祥马上派人秘密联系太上皇朱祁镇。这个时候，朱祁镇已经在南宫被囚禁7年了，盼星星盼月亮，总算能盼到出头之日了。他马上同意了这一计划。

一个月黑风高的晚上，石亨、徐有贞带着上千名士兵来到了皇宫大门，骗守门的卫士说，发生了紧急军情，需要加强皇宫的防守。他们进了宫门，就直奔明英宗住的南宫。南宫大门紧锁，没有钥匙，士兵们便搬来一根大木头，十几个人抬着撞击宫门，还有几个士兵翻墙进入，里外一起动手，"轰"的一声，宫门被推开了，士兵们一拥而进。

朱祁镇早就听见外面的动静了，穿好衣服焦急地等着。

石亨、徐有贞见到朱祁镇后，赶紧带着士兵们跪下，齐声喊着："请陛下登基！"

说完，他们把朱祁镇扶上马车，朝着上朝的大殿走去。等到了大殿上，曹吉祥早就布置好了一切，他扶着朱祁镇坐上龙椅，所有人都一起跪拜在地，高声喊着："万岁！万万岁！"

这会，天刚蒙蒙亮，曹吉祥又指使下人敲响了早朝的大钟，大臣们都不知道发生了什么事，以为代宗要上朝了。等走上大殿，才看清是明英宗。在石亨、徐有贞等人的威胁下，他们不得不磕头，承认朱祁镇是皇帝。

大殿上热热闹闹的声音，传到了病床上的明代宗耳朵里，他问身边的人出什么事了。左右告诉他，是太上皇复位了。朱祁钰奄奄一息："哥哥当皇帝好，哥哥当皇帝好。"没过多久，就一命呜呼了。

正直的于谦成了兄弟斗争的"牺牲品"

英宗复辟后，几年前拥立明代宗即位的大臣们就悬了。特别是于谦，当年北京危急的时候，徐有贞曾经建议南迁，结果被于谦给骂了一顿。他一直怀恨在心，如今徐有贞升了官，就趁机捏造了个意图谋反的罪名，把于谦抓了起来。

明英宗知道后，犹豫着说："于谦保卫了北京城，是有大功劳的人啊。"结果徐有贞不依不饶，劝皇帝说："不杀于谦，您复位就名不正言不顺了。"皇帝一听，是这么个理儿，就同意了。

没多久，于谦和另外几个正直的大臣便惨遭杀害。老百姓都知道这是大冤案。于谦死后，人们把他的尸首葬在老家的西湖边上，跟抗金英雄岳飞挨着，让这两位都立了大功又被人害死的大英雄作伴。

（故事源自《明史》《明史纪事本末》）

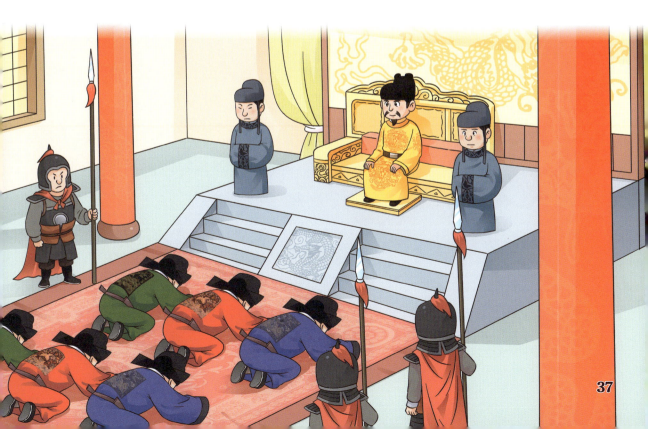

贪玩的明武宗

明英宗复位之后，仍然让自己的儿子朱见深当太子。没几年，明英宗也死了，朱见深即位，这就是明宪宗。明宪宗死后，他的儿子朱祐（yòu）樘（chēng）即位，这就是明孝宗。明孝宗在位的十几年里，国家平平安安，没出什么事。但是明孝宗身体不好，36岁就生重病死了。大明皇位又传给了他的儿子朱厚照，这就是明武宗。这下，国家可乱了套了。

皇帝也爱玩"过家家"

朱厚照是明孝宗的独生子，1505年即位，那时他才15岁。本来这就是一个小男孩最贪玩的年纪，当了皇帝后，更是没人敢管，朱厚照简直玩疯了。在宫里，不是斗鸡、赛马，就是踢球、耍鹰，天天在宫里闹腾。

一天，明武宗听说民间百姓有赶集做买卖的习俗，觉得特别好玩。就在宫里摆起了买卖摊，太监宫女扮成开店卖东西的，他自己扮成顾客，在摊前转悠，还讨价还价，跟玩过家家似的。

皇宫里毕竟规矩多，玩不过瘾，明武宗干脆让人在皇宫西边新盖了一栋房子，叫"豹房"，里面养了很多狮子、豹子、老虎等猛兽。皇帝带着几个亲近的太监，天天在里面同动物玩耍，玩到高兴时，连皇宫都不回。

皇帝的玩伴一个接一个

明武宗身边有8个贴身太监，人称"八虎"。其中势力最大的是刘瑾。刘瑾掌管着司礼监，可是他大字都不识一个，怎么帮着皇帝批奏章呢？他就把奏章带回家，给自己的妹夫看，两个人乱批一通。哪个大臣得罪了他，不是贬官就是杀头，当时的民谣这么唱："一个坐皇帝，一个立皇帝；一个朱皇帝，一个刘皇帝。"这个立皇帝和刘皇帝说的就是刘瑾。

大臣们被刘瑾折磨得够呛，于是想出来一个好办法。他们找到一个跟刘瑾有仇的太监，偷偷报告明武宗说刘瑾要造反。明武宗虽然贪玩，但一听说有人要抢他的皇位，马上就急眼了，下令抄了刘瑾的家，果然在他家里找到了只有皇帝才能用的玉玺。皇帝一生气，刘瑾就被千刀万剐了。

刘瑾一死，皇帝就该消停了吧？结果，明武宗马上又有了新的玩伴。这个人的名字叫江彬，他是军官出身，武艺高强，又会说好话讨皇帝欢心，就当了明武宗的贴身保镖。他常带着明武宗偷偷跑出京城，在长城附近四处闲逛，看到哪个老百姓家里有好吃的、好玩的，就跟土匪一样冲进去白吃白拿。

一次出玩时，刚好遇到一支瓦剌骑兵来抢劫。明武宗高兴极了，他做梦都想带兵打仗，于是就自封为"威武大将军"，还给自己起了一个新名字叫"朱寿"，就跟瓦剌开战了。结果，自己这边死伤了几百人，才杀了对方16个人。明武宗还好几次陷入重围，要不是身边的侍卫拼死营救，他早就被敌人俘虏，走他曾爷爷明英宗的老路了。

就这样，明武宗非说自己打了胜仗，还派人给朝廷送信，让文武百官们迎接"威武大将军"得胜回朝。赶上这天下大雪，官员们在德胜门外哆哆嗦嗦等了半天，才看见"朱寿"大将军骑着马，挎着宝剑，耀武扬威地回来了。一见面，明武宗就跟大臣们吹嘘："我这次打了胜仗，还亲自斩杀了一个敌兵，厉害吧？"大臣们又生气又无奈。

把自己玩没命了

有一回，明武宗在路过一条河时，看到水里有很多鱼，非要划船去水里捞鱼。结果玩得正高兴的时候，突然一个浪头打过来，小船翻了。明武宗不会游泳，拼命地喊"救命"，护卫赶紧把他捞了上来。经过这么一番折腾，明武宗生了一场重病，回到北京就死了。

临死前，他后悔地对身边的太监说："我的命已经救不回来了。天下的大事就交给太后和大臣们商量着办吧。之前都是我的不对，不怪你们。"

折腾了一辈子的明武宗，这下子终于不折腾了。

（故事源自《明史》）

明朝官员怎么出行

轿子是一种靠人扛或畜载而行,供人乘坐的交通工具,曾在明清广泛流行。明朝初年,朱元璋为避免天下太平后出现懒惰现象,曾规定文武大臣必须骑马,不许乘轿,后来才放宽了百官乘轿的限制。到明朝中后期,轿子已完全成为各级官员的代步工具。骑马的官员非常少见,即使路途只有几十步,官员也要乘轿。张居正曾经让人给他建造了一顶豪华大轿,需要32个人抬着前行,里面卧室、客厅一应俱全,甚至还有厕所。

哲学家王阳明智平叛乱

明武宗当上皇帝后整日胡闹，这引起了他的叔公宁王的不满。宁王心想：这个皇帝也太不合格了，还不如我来当。于是，他暗地里招揽土匪逃兵偷偷打造各种兵器。一次，宁王趁着过生日的机会，杀了地方官，举起了反对朝廷的大旗。

万万没想到，这么一场声势浩大的叛乱，只用了35天，就被平定了。而平定这场叛乱的，不是什么能征善战的猛将，也不是明武宗这个自封的"威武大将军"，而是一个读书人，他就是王阳明。

惨! 新官上任没多久, 就被发配和追杀

王阳明又叫王守仁，出生在浙江余姚。他从小就胸怀大志，一边读书，一边练习骑马射箭。27岁时考中进士，走上了仕途。

一开始，王阳明在京城的兵部当一个小官。他看不惯大太监刘瑾欺负官员的做派，就勇敢上书揭发他的恶行。可是，刘瑾并没有被罚，自己却被打了四十大板，还被发配到了贵州一个偏远的驿站去当管理员。即便这样，小心眼的刘瑾也不肯放过王阳明，他派人一路追杀。幸亏，王阳明急中生智，把衣服脱下来扔进水里，伪装自杀，这才逃过一劫。

后来，王阳明终于来到了贵州一个叫龙场的小驿站。到了一看，周围全是高山密林，连住的地方都没有，当地老百姓说的话他也听不懂。别说当官，能生存下去都是难事。

但王阳明并没有灰心丧气，他教当地人建造木屋、开荒种地，努力用手比划着跟当地老百姓沟通，把自己知道的知识和技术传授给他们。闲下来的时候，王阳明就坐在屋子里研究学问。

空闲时间悟出人生哲理

早些年，王阳明就在研究朱熹的"格物致知"理论，这个理论讲究要想弄明白人生的道理，就得认真地钻研一件事情。那会儿，他看到屋子外面有一片竹林，他就对着一棵竹子，坐下来目不转睛地看。然而，看了几天几夜，都没想出啥大道理，还把自己累病了。

一天夜里，他又想起来当年研究竹子的事情，突然脑袋灵光一现，一下子想通了：真正的学问不在草木上，而是在自己的心里。只要内心保持和发扬友善的、正确的念头，并且按照这个道理去做，就可以了，这就是"知行合一"。如果做不到，那就是还没弄明白这个道理。

比如，一个人要是整天嘴上说孝敬父母，却不好好照顾爸爸妈妈，帮他们做一些力所能及的事情，那就是还没有懂得孝顺的道理。知道却做不到，跟不知道有什么区别呢？

王阳明把这些道理讲给身边的人听，大家都觉得他说得有道理。过了几年，刘瑾被杀，王阳明沉怨昭雪，终于被调回了京城，还升了官。他一边忙着处理政务，一边研究自己的学问。很多年轻的读书人都慕名而来跟着他学习，还把他的学说叫"心学"。

哲学家的智谋

王阳明收了很多徒弟，但是也有人不服气：不就是讲些大道理吗？动动嘴皮子谁不会，要真有本事，怎么没见你为国家建功立业呢？

真金不怕火炼，很快，王阳明大显身手的机会到了。

宁王在江西南昌起兵造反的时候，王阳明刚好在附近办事。他立刻赶到最近的县城招募义兵，又向附近的州县发出告示，号召各个地方的官员起兵平叛。招募兵马需要一些时间，怎么才能拖住宁王？

王阳明满肚子的学问终于派上了用场。他先是派出好几个间谍，偷偷混进宁王的军营中，四处传播谣言："朝廷已经派出8万大军，马上要直捣宁王的老巢南昌啦。""不少人已经投靠了朝廷，肯定会劝宁王冒险前进的。"过了几天，他又让人冒充宁王的部下给宁王写信，劝说宁王进攻南京。这一顿操作，把宁王糊弄得疑神疑鬼的，反而不敢轻易行动了。

紧张兮兮地等了十几天，传说中的朝廷8万大军，宁王一个都没看见。他这才明白，是上了王阳明的当。气急之下，宁王赶紧率兵去夺取南京，只留了一万人留守南昌。

趁着宁王的后方空虚，王阳明迅速调集军队消灭守军，不到一天时间就占领了南昌。还在赶路的宁王，得知老巢南昌失守的消息，慌了手脚，又命军队火速掉头。这一番折腾，宁王的军队早已人困马乏，在南昌城下跟王阳明的军队一交战，就溃败逃窜了。

王阳明平定了叛乱，给朝廷立下了大功劳。然而，没过几年，王阳明就因为奔波劳累而去世了。但他的"心学"思想却通过弟子们的代代相传，一直留传了下来。

（故事源自《明史》《明史纪事本末》）

知识卡片

明朝的"自行车"

明朝的"自行车"跟现在的自行车可不太一样：它有四个轮子，既可以用来载人、也可以用来载物，有点像现代的拉货小推车。虽然它不能改变方向、速度也不好控制，但在当时已经很先进了。发明自行车的人是明代科学家王徵。他从小就喜欢发明创造，长大后在与西方传教士的交流中，学到了很多新技术。除了自行车，王徵还发明了以风力带动磨盘的"风"，报时机器"轮壶"，能在水中来去自如、以火为动力的"火船自去"等。

严嵩父子胡作非为

爱折腾的明武宗死的时候，只有31岁，还没有儿子，该选谁当接班人呢？担任内阁首辅（相当于宰相）大臣的杨廷和跟太后商量了一下，最终选中了明孝宗第四个儿子兴献王的孩子朱厚熜（cōng）。因为他老实又懂事，而且一直跟着父亲生活在外地，没怎么见过大世面，太后觉得他肯定会听大臣们的话。1521年，朱厚熜登上了皇位，这就是明世宗嘉靖皇帝。但是，杨廷和与大臣们万万没想到的是，嘉靖皇帝一点儿都不好管教。

皇帝沉迷于修道成仙

朱厚熜当上皇帝后，天天跟道士们混在一块，又是作法，又是炼丹，庄重的皇宫大殿变成了冒着青烟的道士庙。更可怕的是，嘉靖皇帝每次吃完仙丹，就像发疯了似的，想打就打，想杀就杀。

有一回，宫女们实在忍不了皇帝的暴行，大伙儿准备趁他睡着后用布带子勒死他。可是，因为宫女们实在太紧张了，带子系了个死扣，怎么勒也勒不紧。她们几个就冲上去抱住皇帝的胳膊和腿，皇帝拼命挣扎，脸都憋紫了。这个时候，听到动静的皇后带着人冲了进来，才救了皇帝一命。

一群宫女敢谋害当今皇帝，缓过气来的皇帝当然不会放过这些宫女，把她们全都杀了。但从此以后，嘉靖皇帝一睡觉就做噩梦，再也不敢在宫里住了，而是搬到了紫禁城外的西苑。

打这以后，为了能够多活几岁，嘉靖皇帝更是沉迷于修道。而且，他以生病为由，连朝都不上了。

大奸臣严嵩把持朝政

皇帝不上朝，国家大事就落到了几个奸臣手里。这里面，最有名的就是严嵩（sōng）父子。

严嵩没有什么能耐，当了很多年的官都没有升上去。他看嘉靖皇帝每次祷告拜神的时候，都要念一篇求上天保佑的文章，这种文章叫青词。于是，严嵩就可劲儿钻研，把青词写得既漂亮又好听。皇帝一看，这可是人才啊，就委以重用。

于是，严嵩靠着拍马屁一路青云直上，当上了内阁首辅，把持朝政20多年。他还有一个儿子，名叫严世蕃。父子俩完全不顾朝廷大事，天天琢磨着怎么贪污敛财。不少官员为了能够升官发财，都来讨好严嵩父子，金银财宝像流水一样哗哗地流进了严家。

大部分清官敢怒不敢言，一个叫沈炼的锦衣卫小官实在看不下去了，就给皇帝写了一封长长的奏疏，上面列出了严嵩父子的十条大罪，有贪污受贿、独揽大权、残害忠良等,桩桩件件都有根有据。

没承想,皇帝一看,就气得不打一处来:"一个锦衣卫小官,不好好替皇帝干活,竟然敢诽谤内阁首辅,简直是反了天了。"于是,命人把沈炼打了一顿,发配到外地干农活去了。

沈炼到了外地后,经常跟老百姓说:"严嵩是当今的大奸臣!"当地的地方官是严嵩的亲信,就把这件事情告诉了他。严嵩父子使了个坏招,就让糊涂的皇帝下令把沈炼杀了。

沈炼的死,没有吓倒那些正直的大臣。不久,又有一个叫杨继盛的大臣站出来揭发严嵩的罪行。他给皇帝写了一封《请诛贼臣疏》,也给严嵩列了十大罪状和五大奸行。皇帝一看,里面写的很多事情都是自己命令严嵩干的。骂严嵩,不就是骂皇帝吗?于是,二话不说,把杨继盛抓起来,廷杖一百下,关进了天牢。后来,严嵩父子又趁机把杨继盛杀了。

严嵩父子的末日

接连杀了沈炼、杨继盛后,严嵩父子的嚣张专权也慢慢地传到了皇帝的耳朵里。这一年,皇帝居住的万寿宫发生了火灾,他向大臣们征求意见,严嵩居然建议皇帝搬到南宫去暂住一段时间,皇帝一听非常生气:"南宫是当年囚禁明英宗的地方,让我搬到那里住,是什么居心?"

还有一次,嘉靖皇帝跟道士们一起算卦,有个道士算出来一卦"分宜父子,奸险弄权"。分宜是严嵩父子的老家,这卦说的就是严嵩父子为非作歹,玩弄权势,无恶不作。

皇帝就问道士:"既然严嵩父子这么坏,老天爷为什么不惩罚他们呢?"

道士回答说:"老天爷等着皇上您来处理呢。"

后来,在大臣们的弹劾下,嘉靖皇帝下令杀了作恶多端的严世蕃,罢免了严嵩的官职。严嵩回到老家后,没过多久就得病死了。

(故事源自《明史》《明史纪事本末》)

被达尔文称赞的书

　　明朝的李时珍自幼便跟着父亲学医，还研读了不少古代医学典籍。后来，他走遍万水千山，用了20多年的时间，参考了800多部医书，完成了我国药学史上的辉煌巨著《本草纲目》。《本草纲目》共有190多万字，收录了1892种药物、11096个药方，还配有1000多幅插图。可是，李时珍写完了却没有钱把书印刷出来。直到他去世一年后，这本书才终于问世。后来《本草纲目》传遍世界，被达尔文称为"中国古代的百科全书"。

清官海瑞敢骂皇帝

俗话说，当官不为民做主，不如回家卖红薯。虽然明朝不作为的官员比比皆是，但还真有一位两袖清风的大清官，他的名字就是海瑞。

从小，海瑞的母亲就教导他好好学习，将来做官以后要为百姓着想。后来，海瑞当上了浙江淳安的知县。虽然只是一个七品小官，但也算是县里最大的官老爷了。要是换了别的贪官，可能早就吃香的、喝辣的，作威作福了。但是海瑞却依旧非常节俭，穿粗布衣，吃糙米饭。

有一次，为了给母亲过生日，海瑞攒钱买了两斤肉。这在当时竟然成了大新闻，连海瑞的顶头上司、浙江总督胡宗宪听了，都觉得不可思议。平时连两斤肉都吃不起，可见海瑞是多么清廉啊！

把真公子当假公子抓

胡宗宪有个儿子，仗着自己的父亲官大，从不把别人放在眼里。有一次，他路

过淳安县，便在驿站休息。等了半天，也不见有好酒好肉来招待，很是生气。胡宗宪的儿子就把驿站的工作人员打了一顿。

海瑞听说后，直接把这位胡公子抓了起来。有人赶紧劝海瑞："海知县，你抓了胡大人的公子，就不怕胡大人怪罪你吗？"

没想到海瑞义正辞言地回了一句："总督大人以前到各地视察的时候，曾经说过接待客人一切从简，不要铺张浪费。这个人这么嚣张跋扈，肯定不是胡总督的公子！"

海瑞不但抓了这个"假"的胡公子，还没收了他身上的金银财宝。紧接着，他还派人快马加鞭，把这件事情告诉了胡宗宪。胡宗宪听到消息后，很心疼儿子，但如果承认了这是自己的亲儿子，那之前说过的话不就成了笑话吗？真是拿海瑞一点办法都没有，只好吃了这个哑巴亏。

痛骂皇帝第一人

没过多久，海瑞就到京城去做官了。这时，明朝的皇帝是一心只顾修仙、完全不管国家大事的明世宗嘉靖皇帝。有官员写奏章劝他，皇帝一生气就治官员的罪。后来就没有人再敢劝谏皇帝了。

别人不敢劝，但天不怕地不怕的海瑞敢啊。他写了一封很长的《治安疏》，里面都是批评皇帝的话。比如，"皇上啊，天下人对您非常不满意，这种情绪已经持续了很久了""老百姓家里穷得叮当响，就差没有指着皇帝的鼻子骂了"。

皇帝看完后，鼻子都气歪了，颤抖着把信扔到地上，大声对身边的太监说："快！快！赶紧把这个海瑞抓起来。"

没想到太监不紧不慢地说："皇上您别着急，听说海瑞脑子有问题。他知道自己的这封奏章肯定会惹皇上生气，死罪难逃，就提前买好了一口棺材，写好了遗嘱，现在正在家里等着朝廷抓他呢。"

皇帝一听，也惊呆了，还真有这么不怕死的人？过了好一会，他又拿起奏章看了好几遍，知道海瑞写的也是大实话，但还是把他关进了牢房。

后来，皇帝因为乱吃仙丹，终于升天见太上老君去了，海瑞也从牢房里被放了出来。

深受百姓爱戴的"海青天"

海瑞的名气越来越大,后来他又到江南各地去当官。有些贪污受贿的地方官,一听到他要来,心虚得赶紧辞职逃命。

那些有钱有势的大户人家,特别喜欢把家里的大门涂上红漆,显摆自己家多么阔绰。但是一听说海瑞要来,就赶紧让人把门涂成黑色,生怕被海瑞看见。

海瑞每到一个地方,不但不贪污,反而把大户人家侵占的大量田地,分给那些没有地种的穷苦老百姓。他还兴修水利,让老百姓远离了洪水的灾害。老百姓都夸海瑞是个为民做主的大清官,都叫他"海青天"。

可是在当时的官场，海瑞这样清正廉洁的官员太少了。所以他的名声虽然大，也难以得到重用。

75岁的时候，海瑞在南京生病去世。听到"海青天"去世的消息，南京城的百姓都停下了手里的事情，穿着白衣，戴着白帽，站在路边，自发地为海瑞送葬。祭奠哭拜的人排着长队，据说有几十公里长，都看不到头。老百姓是多么敬爱"海青天"啊。

海瑞清正廉洁、不畏权势的精神鼓舞了一代又一代人。

（故事源自《明史》）

戚继光智斗倭寇

嘉靖年间，在中国的东南沿海地区，出现了一大批日本来的武士、浪人，他们跟中国海盗狼狈为奸，四处烧杀抢掠，无恶不作。老百姓天天担惊受怕，称他们为"倭寇"。

朝廷屡次派出官兵去攻打倭寇，但这些恶人武艺高强，普通的士兵根本打不过，反而损失了很多兵马。

这个时候，一个大英雄——戚继光出场了。

戚继光出生在山东登州卫所的一个将门之家，他的父亲是一位杰出的军队指挥官。在父亲的影响下，戚继光从小便练就了一身的功夫，而且他还喜欢读书，懂得了很多道理。17岁那年，戚继光继承了父亲的职业，穿上盔甲，当上了军官。年纪轻轻的他，发誓一定要扫清倭寇，保卫祖国的边疆。

总打败仗，原来是士兵不给力

戚继光上任后，积极训练士兵、修理兵器、整顿军备。他在海边修筑了坚固的工事，敌人都不敢来进犯。朝廷看到戚继光有本事，就把他调到倭患最严重的浙江，跟当地的将领一起联合作战。

到了浙江，戚继光带兵跟倭寇打了好几仗都失败了。别的将领都垂头丧气的，但戚继光是个爱琢磨的人。

他认真总结经验教训，发现问题出在士兵身

上。他们一个个吊儿郎当的，不仅缺少训练，而且纪律松散，不听指挥，一见到敌人撒腿就跑。这样的军队怎么能够打胜仗呢？

军队不好管理，那就再建立一支新军。戚继光从当地的矿工和农民中招募了三千名新兵，这些人原来干的就是危险的苦力活，他们不怕脏，不怕累，更不怕死，只要能吃饱饭，什么都愿意干。

戚继光严格训练新军，教他们怎么听从命令，怎么使用兵器，怎么配合打仗。很快，一支训练有素、纪律严明、士气高昂的军队就出现在了抗倭的战场上。人们称这支军队为"戚家军"。

鸳鸯阵一出场，倭寇纷纷跑回了家

　　士兵整顿好了，但还是打不过倭寇，戚继光又陷入了沉思中。细细回想战斗经历，他发现，倭寇之所以厉害，就是因为他们特别擅长使用日本刀一类的武器。明朝士兵跟他们近身格斗，根本不是对手。这该怎么办呢？

　　一个人打不过，那就发挥团队的力量！于是，戚继光自创了一套新的阵法——鸳鸯阵。一个鸳鸯阵由十二名士兵组成，其中一名士兵是队长，举着旗子指挥作战，他身后是两名盾牌兵，他们举着高高的盾牌，把自己和身后的战友挡得严严实实的。盾牌兵后面还是两名士兵，但他们的兵器不同，手里拿着长毛竹

削成的名叫"狼筅"的武器,这种武器看起来像一把大扫帚,可以干扰倭寇的进攻。紧接着是四名长枪手,他们负责进攻,看见敌人就用长枪去刺。为了防止敌人偷袭,队伍的最后配备了两名短刀手和一名火兵。

鸳鸯阵可以根据敌人的情况组合成好几百人的小队,也可以灵活变换阵型,大大提高了队伍的战斗力。

很快,大摇大摆的倭寇又来进犯了,他们以为明朝的军队还像以前那样草包。没想到,戚家军的鸳鸯阵一出场,倭寇就被杀得片甲不留。戚继光乘胜追击,先后打了好几次大战都大获全胜,倭寇再也不敢来中国骚扰百姓了。

经过戚家军几年的英勇作战,倭寇被扫平,祖国的海疆恢复了安宁。

英勇的戚家军击败蒙古骑兵

没多久，祖国的北部边疆受到了蒙古骑兵的威胁。于是，戚继光率领英勇善战的戚家军，千里迢迢来到长城，守卫边关。

蒙古骑兵跟倭寇海盗不一样，他们不擅长近身格斗，但是骑马射箭技术一流，来无影，去无踪，该怎么对付呢？

戚继光发明了一种四人推车。每次打仗的时候，戚继光就让士兵把推车围到一起，这样就形成了一堵墙，骑兵和步兵可以藏在后面。蒙古骑兵还在远处的时候，先让士兵用火枪射击；等到敌人靠近后，提前摆好的绊马索就该起作用了，这些索绳能够阻挡敌人的骑兵，使得他们难以顺利前进。同时，让躲在推车后的步兵纷纷冲上来，用长枪、长矛对付蒙古骑兵。

蒙古骑兵拿戚继光的方阵一点办法也没有，只好退兵。这个时候，藏在推车后的骑兵纷纷起身追击蒙古骑兵。

经过几次战斗，蒙古骑兵一点便宜也没占到，反而损兵折将，只好向戚继光投降。后来，只要戚继光镇守在边关，再也没有敌军敢来进犯了。

（故事源自《明史》《纪效新书》）

张居正大刀阔斧搞改革

嘉靖皇帝死后，他的儿子朱载坖（hòu）继位，这就是明穆宗。虽然明穆宗只当了6年的皇帝，但他做了一件特别对的事，那就是找了当时有名的政治家张居正做朝廷大臣。

1572年，穆宗去世，太子朱翊钧继位，这就是明神宗，也就是明朝在位时间最长的万历皇帝。明神宗继位的这年，张居正担任了内阁首辅。明神宗继位时，只有10岁，张居正便全力教育他、辅佐他，小皇帝对张居正也毕恭毕敬的。这样，张居正就实实在在地掌握了朝廷大权。一心想改革的他终于可以大刀阔斧地开始政治改革了。

敢偷懒? 没门! 小本本记得一清二楚

早在明朝开国的时候，明太祖朱元璋就十分重视吏治问题。他规定，京城的官员每六年考查一次，地方官每三年考查一次。考查的内容包括：这几年皇帝交给的任务是不是按时完成了? 给老百姓干了多少好事? 有没有贪赃枉法的行为? 如果官员表现良好，就可以继续晋升，当更大的官。如果没干好，或者干了坏事，那就降职或罢官。

后来，由于皇帝不务正业，宦官、奸臣当道，这些制度都成了走过场的"面子工程"。所以张居正的第一记重拳，就是实行"考成法"。

"考成法"，就是把官员们要干的事情分类写在小本本上，上面还规定了每件事情的完成日期。朝廷每个月派人对官员的办事进度、完成情况进行检查，按时完成一件事情就在本子上登记一件，没有完成要写说明。如果发现谁敢偷懒不上报，直接罢免官职。

政策一发布，官员们像炸了的马蜂窝，找了各种各样的理由反对。但是张居正铁了心要整治官场，太后和小皇帝也非常支持他，这项政策就严厉地推行下去了。果然，"考成法"推行后，官员的办事效率提高了不少，整个官场的风气也发生了很大的变化。

霸占的田地统统没了，还交了不少税

由于多年的吏治腐败，很多官员和富家大户强占了不少百姓的土地，却不给朝廷缴税；普通老百姓实际上没多少地，却要缴纳繁重的税钱。然而这些税钱都流进了大户人家的腰包，国库没有变得充实，老百姓的日子也越过越穷。

针对这种情况，张居正下令重新丈量全国的土地。他清查出了一大批被皇亲国戚、豪强地主隐瞒的土地，要求他们补交欠税，大大增加了国库的收入。

但是光清查土地没法解决根本问题。时间长了，这些富家大户还是有办法抢平民百姓的耕地。张居正又定了一个新的收税办法，那就是不管大户小户、穷户富户，一律按照实际拥有的田产和人口的多少来交税。田地广、人口多的大户，多交税；田少人稀的小户人家，少交税。这样一来，就公平多了。

原来朝廷修宫殿、道路、桥梁等设施时，都要征调百姓来服劳役。老百姓本

来就穷，自己的农活顾不过来，还得去给官府干活，日子非常清苦。为了解决这个问题，张居正规定，以后官府要兴建什么工程，都要雇人来干活，还得发银两。这样，有地的老百姓可以安心种地，那些没有土地却有力气、有手艺的人，就可以通过打工挣钱，贫苦的老百姓得了实惠，国家也增加了劳动力。

张居正的这个改革措施，被称为"一条鞭法"。政策推行以后，老百姓的日子慢慢好了起来，国库也慢慢充盈了起来。

总有官员想害他

张居正的改革触犯了豪门贵族的利益，他们表面上服从，背地里却对张居正恨之入骨，一直想趁机陷害他。

机会终于来了，这一年，张居正的父亲过世。按照传统礼仪的规定，他必须要停职回家，为父亲守孝三年。可正赶上改革最要紧的时候，万历皇帝也还没亲政，朝廷离不开他。皇帝跟太后商量后，下令："张先生就不用回去了，留在朝廷接着工作吧。"这叫"夺情"。

没想到，皇帝的命令一下，其他大臣都不干了，纷纷上书反对，有人说："给父母守孝是几千年的人伦孝道，张居正是内阁首辅，应该做表率才对，怎么能带头违反呢？"有的大臣甚至还批评皇帝，说皇帝不让张居正回家，就是破坏老祖宗留下来的规矩。万历皇帝一听火冒三丈，把上书的官员打了一顿板子。

"夺情"的风波虽然平息了,但是张居正也因为这件事得罪了很多人。1582年,张居正生病去世,万历皇帝亲自执政。原来对张居正不满的大臣纷纷上奏章,说他专横跋扈,欺上瞒下,贪赃枉法。

万历皇帝本身也被张居正管教了很多年,内心压抑,便趁机把张居正的官爵全部撤掉,还派人抄了他的家。

（故事源自《明史》《明史纪事本末》）

知识卡片

"农业小天才"徐光启

张居正的"一条鞭法"实施以后,明朝的农业发展水平达到了历史新高。到万历中期,全国的耕地面积达到了明朝立朝以来的最大数字——1161万余顷,农业耕作技术更是千姿百态。有个叫徐光启的官员研究起了农业技术,他在田里亲自种植甘薯并进行甘薯的越冬实验,最终使得甘薯成了中国重要的粮食作物。徐光启还把当时先进的农业耕作技术整理成了一本书,叫《农政全书》。书中记载了农具、水利、蚕桑等各方面的技术,还介绍了历代救荒的措施,总结了劳动人民跟自然灾害作斗争的经验。可以说,这本书是一部比较完整的农业百科全书。

名言名句 天下之事,不难于立法,而难于法之必行;不难于听言,而难于言之必效。（〔明〕张居正）

魏忠贤既不忠也不贤

万历皇帝在位48年，等他死的时候，太子朱常洛已经快40岁了。好不容易接了班，可没到一个月便死了。他15岁的大儿子朱由校就被大臣们推上了皇位，这就是明熹宗天启皇帝。

皇帝爱干木工活，朝廷成了魏忠贤的天下

天启皇帝身边有个大红人，叫魏忠贤。这个魏忠贤虽然名字好听，但却既不忠，也不贤，而是个地地道道的泼皮无赖。他家里穷得叮当响，却喜好赌博，输光了钱，为躲避债主，就入宫当了太监。后来，魏忠贤靠巴结皇帝的奶娘当上了司礼监太监。司礼监太监主要的职责是替皇上起草诏书、批阅奏章。

天启皇帝最大的爱好就是做木匠手工活，他一点儿都不喜欢处理政事。魏忠贤总是趁着皇上做木工活时，拿一些重要的奏章去请他批阅。天启皇帝常常不耐烦地随口说："我已经知道了！你看着办吧。"

这样一来，朝廷的大事便由魏忠贤一个人说了算。宫里的太监、朝廷的大臣都来巴结他。来拍马屁的人实在太多了，魏忠贤就给他们编了号，比如五虎、十狗、十孩儿、五十孙等等，都是魏忠贤的徒子徒孙，大伙把这帮人称为阉（yān）党。

就这还不够，为了讨好魏忠贤，有的大臣居然不要脸地喊魏忠贤"九千岁"，就快赶上皇帝的"万岁"了。全国各地的很多官员还给他建生祠、塑雕像，把他像神仙一样供着。后来，魏忠贤又控制了锦衣卫的东厂，相当于掌控着皇室的特务机构，明朝的政治就更加腐朽黑暗了。

东林党：一心为国，却惨遭酷刑

这个时候，一群读书人站了出来，要跟魏忠贤的阉党死磕到底。这就是东林党。

东林党的领袖是顾宪成。顾宪成早年间因为得罪了万历皇帝，被罢了官。他回到家乡后，跟一群志同道合的好朋友在东林书院讲学，大家聚在一起，研究学问，讨论国家大事，反对他们的人称这些人为"东林党"。

东林党人以天下为己任，当然看不惯魏忠贤的嚣张气焰和阉党的阿谀奉承。所以他们就联合起来，给皇帝上书，列举魏忠贤的罪状。但是皇帝正忙着干木工活，哪里肯听呢，直接下令把这些东林党人都抓起来。

魏忠贤得了皇帝的命令，肆无忌惮地抓捕了东林党的杨涟、左光斗、袁化中、魏大中、周朝瑞、顾大章六人，并用各种酷刑把他们都活活折磨死了。后来人们为了纪念这六个人，管他们叫"六君子"。

在抓捕魏大中的时候，同情他的官员周顺昌特意去送他。东厂的人看两人聊得火热，就黑着脸说："赶紧走，误了时辰，你不怕魏公公怪罪你吗？"这可把周顺昌惹火了，他破口大骂："魏忠贤以为我怕死吗？我周顺昌行不更名，坐不改姓，有本事你也来抓我！"

魏忠贤知道这个消息后，马上派了一批打手去苏州抓捕周顺昌。

彻底惹怒了老百姓

苏州的老百姓见东厂的人要来抓周顺昌，都站出来阻拦，身强力壮的更是挡在最前面。打手们平日里骄横惯了，把铁链子往地上一扔，瞪着眼睛喊："东厂抓人，谁敢违抗！哪个敢上前阻拦，一起抓走！"

这下可把老百姓惹毛了。大家一拥而上，冲上去揪着东厂的人就打，把东厂的特务们打得哭爹喊娘。

南京的巡抚是魏忠贤的亲信，赶忙带着官兵前来镇压。结果没想到，老百姓看见更生气了："这个狗官平时没少欺负老百姓，一起打！"巡抚一看，吓得躲进了茅房不敢出来。

平时都是东厂打别人，被老百姓打成这样还是第一次。魏忠贤接到报告后气炸了："好啊，这是要造反啊，一个个都等死吧！"他立刻派重兵前来镇压。带头打东厂的五个壮士为了不牵连百姓，主动投案，没几天，就被押赴刑场斩首了。苏州的老百姓敬重他们，出钱为这五个人修建了坟墓，还写了文章纪念他们。

魏忠贤之所以敢做这么多坏事，都是因为天启皇帝惯着他。但是没几年，天启皇帝生病死了。由于没有儿子，他的弟弟朱由检继承了皇位，这就是明朝的最后一位皇帝，崇祯皇帝。

崇祯皇帝早就看魏忠贤不顺眼了，加上大臣们纷纷上奏章，列了魏忠贤的不少罪状，皇帝就让他给太祖皇帝守灵去了。不过，在去守灵的路上，魏忠贤生怕被追杀，就自杀了。

魏忠贤一死，气焰嚣张的阉党都被抓了起来，被害的东林党终于得到了平反。但是大明王朝经过这一顿折腾，元气大伤。

（故事源自《明史》《明史纪事本末》）

中国17世纪的先进工艺

　　如果说徐光启是"农业小天才"，那么与他同时期的宋应星可以称得上是"工农业小天才"了。他写了一本叫《天工开物》的书，这本书收录了农业、手工业、火药、采煤等30多个行业的130多项生产技术，并配了122幅插图，图文并茂地记述了中国17世纪农业和手工业的生产工艺和成就。比如，农业上，记录了精耕细作、水稻变为旱稻等先进技术；纺织业，记载了当时最先进的纺织机械——提花机。怪不得这本书被誉为"中国17世纪的工艺百科全书"呢。

你怎么看？

如果你是周顺昌，当你的朋友被陷害时，你会站出来帮助他吗？

忠臣良将袁崇焕反遭诬陷

明朝末年政治乱糟糟,与此同时,东北部却有一支强大的力量在崛起,那就是女真族。女真族自古就生活在中国的东北地区。宋朝的时候,女真族建立了金朝,灭掉了辽和北宋,但后来被蒙古所灭。到了明朝,女真族又重新振作起来,他们在首领努尔哈赤的带领下,建立了后金政权,不断侵扰明朝的边境。

明朝君臣一开始没把他们当回事,但没想到努尔哈赤的势力越来越大。朝廷赶紧派出军队去镇压,可是明朝大军一直在打败仗,陆续丢失了好几个军事重地,眼看就要打到山海关了。皇帝和大臣们急得团团转。

这个时候,有个名不见经传的小官站出来说:"只要给我兵马粮草,我一定能守住山海关!"

说这话的人叫袁崇焕,是一个兵部的主事。天启皇帝见身边也没啥可用的人才,小伙子胆子这么大,决定让袁崇焕试试,就拨给了他20万军饷,由他带队抵抗后金。

宁死也要守住宁远城

袁崇焕接到任务后,连夜带兵赶往辽东宁远。到那里后,他先是考察了一番,把边防的形势弄得明明白白,这才组织防御。他募集之前被打散的士兵,加紧训练,同时命人修筑了一座宁远城以及几十个坚固的堡垒,把整个山海关防守得像铁桶一样。努尔哈赤见对手这么厉害,没敢再进犯。

然而好景不长,大太监魏忠贤派了自己的亲信高第来总管辽东的军务。高第一来,见后金队伍庞大,就下令放弃关外土地,把军队都撤到山海关以里。最后,山海关外,就只剩下袁崇焕守卫的宁远这一座孤城。

善于用兵的老狐狸努尔哈赤听说明军的主力撤退了。没多久,他就亲自率领13万大军,渡过辽河,长驱直入,一直杀到了孤立无援的宁远城。

到了城下,努尔哈赤便给袁崇焕喊话:"你这么一座小城,能抵挡住我的大军吗? 还不赶紧投降!"

袁崇焕斩钉截铁地回答道:"我奉命镇守宁远, 死也要死在这里, 投降绝对不可能!"士兵们也都写好了血书, 要跟后金军队决一死战。

努尔哈赤命令军队包围了宁远, 袁崇焕自知兵力不足, 不能硬拼, 他命令将士们守住四个城门, 在城墙上架起威力强大的大炮, 只要金军靠近, 就发射炮弹。结果努尔哈赤一连打了4天, 不但小小的宁远城没攻破, 自己却损了兵折了将, 最后不得不撤兵。

努尔哈赤自从起兵以来, 还没败得这么惨过。他咽不下这口气, 加上打仗时受了伤, 没多久就死了。

这一仗, 是明朝军队跟后金作战取得的第一次重大胜利。天启皇帝非常高兴, 想要给袁崇焕升官。可是, 大太监魏忠贤嫉妒袁崇焕的功劳, 在皇帝身边说他的坏话。袁崇焕一生气, 就辞职回了老家。

快马加鞭，保住了北京城

　　没几年，昏庸的天启皇帝死了，崇祯皇帝继位后重新起用了袁崇焕，让他做整个辽东战场的指挥官，并赐给他一把尚方宝剑，可以代表皇帝处理一切事务。袁崇焕再次来到宁远，这次他终于可以重新整顿军备，大干一场啦。

　　努尔哈赤的儿子皇太极知道只要袁崇焕在，宁远城肯定打不下来。唯一的办法，就是绕过山海关。做好一切准备后，皇太极就联合蒙古军队，从东边千里迢迢跑到了西边，找到了长城的薄弱点，向着北京城杀过来。听到这个消息，朝廷上下大为震惊，崇祯皇帝赶紧命令袁崇焕回北京救援。

　　袁崇焕收到消息后，率领手下的九千人马快马加鞭，连夜驰援北京。终于在广渠门外遇到了皇太极的军队，立刻与敌军展开了一场血战。袁崇焕身先士卒，冲在

最前面，士兵们拼死搏杀，才杀退了后金军。

中了皇太极的诡计，袁崇焕被扣上了通敌的帽子

皇太极见偷袭的计划被袁崇焕给打乱了，便跟手下人商量了一条毒计：安排被俘虏的明朝太监传假话，陷害袁崇焕。

他故意让两个后金将军在被关太监的隔壁大声说话：

"你听说了没有？北京城马上就要打下来了。"

"胡说，明朝不是有袁崇焕吗？哪有那么容易打。"

"这你就不知道了吧？袁崇焕早就秘密投奔了咱们的皇帝，已经说好了过几天就动手，帮我们开城门。"

说完这些话后，又故意叫看守的人离开。两个太监顺利逃出兵营回到了宫

里，并且把他们听到的"秘密"告诉了崇祯皇帝。皇帝一听，袁崇焕要造反，不分青红皂白，马上以谋叛大罪，把袁崇焕打入了监牢。

后来，后金军队果然撤退了，皇帝就真的以通敌的罪名把袁崇焕给杀害了。

明朝就是因为杀了这么多忠心耿耿、舍生忘死的忠臣良将，自毁长城，走上了亡国路。

（故事源自《明史》《明季北略》）

名言名句 一生事业总成空，半世功名在梦中。死后不愁无勇将，忠魂依旧守辽东。（〔明〕袁崇焕《临刑口占》）

开了城门迎闯王

明朝末年，国库财力不足，但是跟辽东和后金作战又需要巨额军费，朝廷只好向老百姓征收税钱以外的军饷。沉重的税钱加上连年的灾荒，弄得老百姓连饭都吃不上，一点活路都没有，各地纷纷爆发了起义。

陕西米脂有一个年轻的农民叫李自成，他们家曾经担负替官府收租税的差事，眼看老百姓交不起租税，李自成就找当地一个姓艾的大财主借了高利贷，帮老百姓交租。

过了一段时间，大财主来讨债，但李自成压根还不起。最终，他被官府戴上脚镣，在大街上暴晒。当地的百姓和李自成的几位好友实在看不下去了，就偷偷把他救走，一起投奔了当地的农民起义军。

没多久，原先的起义军被迫投降，李自成便带着兄弟们投奔了他舅舅的农民军。他舅舅叫高迎祥，自称"闯王"。有了李自成的加入，高迎祥如虎添翼，联合其他起义军，转战山西、河北等五个省，声势越来越大。眼看起义军越闹越大，崇祯皇帝赶忙调集各省官军前来围剿。

"闯王"高迎祥牺牲了

为了对付朝廷官军，高迎祥同起义军的大小头领开会，商量办法。大家议论纷纷，有人提议官军兵力太强，要不还是躲回陕西老家去。这个时候，李自成站了出来，他分析了当前的局势，跟大家说："一个战士不怕死，也能奋战一下；我们已经有了10万军队，还怕官军不成！"

高迎祥赞许地问他："那你觉得该怎么办呢？"

李自成说："最好的办法，就是把起义军分成几路，分头出击，让官军哪边都顾不上！"

大家听了，都觉得李自成说得有道理。当下就分了五路，开始突围。

高迎祥、李自成和张献忠带领的起义军向东打，一路杀到了安徽凤阳。凤阳是朱元璋的老家，也是明朝的中都。起义军不但挖了朱元璋的祖坟，还把朱元璋当过和尚的皇觉寺也一把火烧了，可算是出了一口恶气。

崇祯皇帝听说老祖宗的坟被刨了，特别生气，当然了，后果也很严重。他杀了围剿不力的凤阳巡抚，派出最厉害的军队，宣布："不把起义军剿灭，誓不罢休！"

得知高迎祥、李自成又带兵杀回了陕西，陕西的官军早有防备，他们在西安城设了埋伏。高迎祥中了埋伏，被活捉，崇祯皇帝让人把他押到北京，凌迟处死，算是给祖宗报了仇。

闯王没了，群龙无首，大家就推举李自成当了闯王。这个时候，朝廷的大军气势汹汹地杀了过来。李自成抵抗不住，带着自己的18个兄弟拼命突出重围藏了起来。朝廷的军队搜捕了几个月也没消息，后来听说李自成受重伤死了，这才班师回朝。

新"闯王"再出发

其实，李自成根本没有死，而是藏在了大山里面。他总结之前的经验教训，觉得以前之所以失败，首先是因为没有后方基地，粮草供应不上，其次是没有个有文化的人出主意。

这个时候，河南也受了灾。李自成趁机把手下召集起来，重新拉起"闯王"的大旗，到了河南。没有饭吃的灾民们听说闯王来了，都来入伙。好几个文人也来投奔他，李自成非常高兴，就向他们请教。有个叫李岩的人说："您要是想成大事，一定得靠着老百姓的力量才行。老百姓最恨的就是官府的苛捐杂税，您只要把地分给老百姓，减免他们的租税，老百姓一定会拥护您的。"

李自成一听，文化人就是厉害，一句话就说中了要害！李岩还编了很多歌谣，让士兵们到处传唱，比如"金江山，银江山，闯王江山不纳捐""杀牛羊，备酒浆，

开了城门迎闯王，闯王来时不纳粮"。老百姓纷纷跑来参加闯王的起义军，李自成的人马越来越多。

随后，起义军势如破竹，占领了很多地方。这时，起义军将领们就开会讨论该往哪里去。有的人建议："直接打到北京去，夺了朱家皇帝的天下！"也有的人说："可以顺着长江而下，占领南京，然后再往北打。"有个叫顾君恩的谋士一直摇头。李自成知道他鬼点子多，就问他该怎么办，顾君恩不慌不忙地说："从南京北上，拖得时间太长。直接打北京，万一攻不下就没有了退路。照我看，可以先攻取西安，这里是大王的老家，进可攻退可守，才是万全之策。"

李自成听了，觉得有道理，就带着兵马攻下了西安，在西安建了"大顺国"，自己当了皇帝。

"大顺皇帝"李自成大摇大摆进京城

接着,李自成便率领百万义军浩浩荡荡地向北京进军。眼看着起义军包围了北京城,崇祯皇帝急得像热锅上的蚂蚁,可是一支来救援的军队都没有,真是叫天天不应,叫地地不灵。那些时常拍马屁的官员都没了主意,有用的军事大将有的被杀、有的投降,而守城的太监为了活命,更是主动打开城门,把起义军偷偷放了进来。

万般绝望之下,崇祯皇帝亲手杀了自己的妃子和公主,又带着贴身太监王承恩,爬上了紫禁城后面的煤山(今景山)。远远望着城外的战火和老百姓的

哭喊，只有唉声叹气：想不到我这么努力，最后大明朝还是亡在我手里。现在，只有用一死来维护皇帝的尊严了。最后，崇祯皇帝在煤山的一株老槐树上上吊死了。

1644年，崇祯皇帝死的第二天，李自成骑着高头大马，在亲信们的陪同下，率领农民军进入了德胜门，沿途百姓都夹道欢迎。在"大顺皇帝万岁"的欢呼声中，历时276年的大明王朝宣告终结。

（故事源自《明史》《明史纪事本末》）

知 识 卡 片

爱旅游的徐霞客写的著名游记

明代还出了一个鼎鼎有名的地理学家，他就是徐霞客。徐霞客的一生基本是在旅行中度过的，当然，他的旅行可不是简单游玩，而是每到一个地方，就细心记录当地的历史人文、地形地貌、动植物等情况。30多年的时间里，他的足迹遍及今天中国的21个省、市、自治区，完成了60多万字的游记资料。徐霞客去世后，他的这些资料由后人整理成了《徐霞客游记》。这本游记不仅是我国重要的地理著作，也是一部非常优秀的文学著作。

你怎么看？

为什么每一个朝代的末期常常会发生农民起义？